AF313630

EXPOSITION

AU PROFIT DES BLESSÉS

DES

27, 28 ET 29 JUILLET 1830.

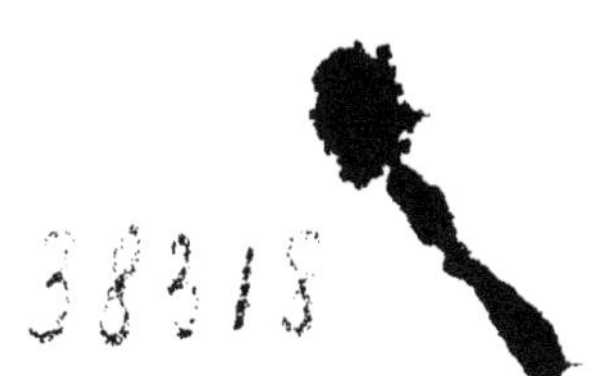

EXPLICATION

DES OUVRAGES

DE

PEINTURE, SCULPTURE,

ARCHITECTURE, GRAVURE,

DESSINS ET LITHOGRAPHIES,

Exposés

DANS LA GALERIE DE LA CHAMBRE DES PAIRS,

AU PROFIT DES BLESSÉS

DES **27, 28** ET **29** JUILLET 1830.

Prix : 50 Centimes.

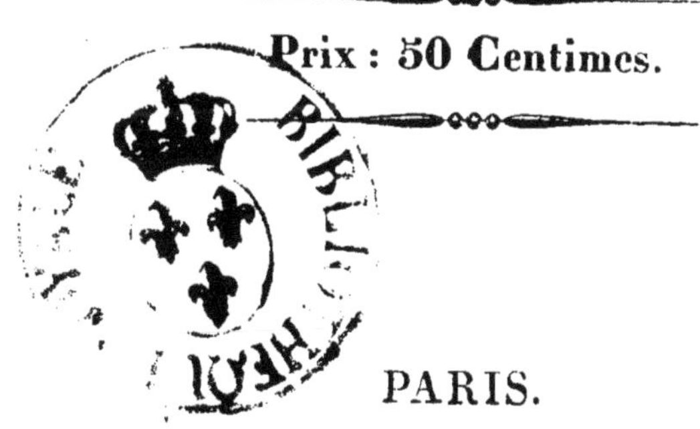

PARIS.

VINCHON, FILS ET SUCCESSEUR DE Me Ve BALLARD,

IMPRIMEUR DES MUSÉES ROYAUX,

rue J.-J. Rousseau, No. 8.

1830.

AVIS.

Plusieurs Artistes ayant conçu l'heureuse idée de faire une exposition de leurs ouvrages au profit des Blessés des 27, 28 et 29 juillet dernier, le Grand-Référendaire de la Chambre des Pairs a consenti à ce que cette exposition toute patriotique se fît dans la galerie du Luxembourg. Cette galerie, consacrée à la gloire de l'école moderne de peinture, va acquérir un nouveau titre de célébrité en offrant au public, au profit des victimes de notre glorieuse révolution, outre les ouvrages distingués qui ont été envoyés par MM. les Artistes, les chefs-d'œuvre représentant les faits mémorables de l'Armée française, tels que Marengo, Austerlitz, Aboukir, Jaffa, Eylau, etc. Ces tableaux ont été conservés religieusement à la Direction générale des Musées, qui s'est empressée d'en enrichir cette exposition.

AVERTISSEMENT.

M. Naigeon, conservateur du Musée du Luxembourg, chargé de cette exposition, a l'honneur de prévenir le public, qu'un grand nombre d'ouvrages ayant été envoyés après l'impression de la notice, on a été obligé de faire plusieurs supplémens qui se trouvent à la fin.

Les tableaux et statues sans numéro, font partie de la collection ordinaire du Luxembourg.

PEINTURE.

ABEL DE PUJOL, *rue Grange-aux-Belles, n.* 13.

1. Germanicus retrouvant l'aigle sur le champ
de bataille où Varus et ses légions furent
massacrés par les Germains.

Valérius, vieux soldat romain échappé au massacre, s'était réfugié dans les bois, où il n'avait
vécu que de fruits sauvages et de racines. Ras-
semblant ses forces, il parvient au milieu de l'armée, où l'enthousiasme redouble lorsque le vieux
soldat, se traînant aux pieds de Germanicus, lui
présente l'aigle de la 19ᵉ légion, qu'il a sauvée
des outrages des barbares, et expire en la lui
donnant.

ARACHEQUESNE, *rue Cassette, n.* 24.

2. Une novice assistant pour la première fois
à un pansement.

3. Une mère imposant une pénitence à la
plus jeune de ses filles.

1

AUBOIS, *rue du Four Saint-Germain, n.* 45.

4. La prise du Louvre, le 29 juillet 1830.

———

BACUET, *rue Saint-Georges, n.* 28.

5. Cadre d'études faites d'après nature, en Grèce.

———

BARRET, *montagne Sainte-Geneviève, n.* 83.

6. Une marine.

7. Étude de paysage avec une figure.

———

BAYLAT, *rue Descartes, n.* 51.

8. Une miniature.

9. Un portrait demi-nature.

———

BECOEUR, *rue de Seine, n.* 6.

10. La fiancée de Lamermoor.

11. Homère chez les bergers.

BELLANGÉ, *rue de Furstemberg , n. 8.*

12. Épisode du 29 juillet 1830.

13. Le marchand de plâtres ambulant.

BELLOC, *passage du Commerce , n. 19.*

14. Portrait de Boissy-d'Anglas à sa terre de Bougival.

BERGERET.

15. Le dénouement de la scène du Tartufe.
(Tableau prêté par M. Odiot.)

BIDAULT, *rue de l'Arbre-Sec, n. 52.*

16. Un paysage dont les figures au premier plan représentent Daphnis et Cloé.

BESSA, *rue du Cherche-Midi, n. 26 bis.*

17. Une tourterelle regarde sa compagne morte au pied d'un arbre. (*Aquarelle.*)
(*Embléme.*) Je pleure sa mort et ma vie.

BEVALET, *rue Saint-Jacques, n.* 132.

18. La carpe et la tanche.

19. Une perdrix. *(Aquarelles.)*

———

BONAL (Mlle. CORALY), *rue Taranne, n.* 16.

20. Une tête de jeune fille.

21. Une jeune femme dans son atelier.

———

BORDES, *rue Saint-Marc, n.* 21.

22. Plusieurs miniatures (*même numéro*).

———

BOUHOT, *rue Saintonge, n.* 44.

23. Intérieur d'un des bas-côtés de l'église de Saint-Remy, à Reims.

24. Intérieur de cour.

———

BOULANGER (CLÉMENT).

25. La mort de Henri II.

(Ce tableau appartient à M. Haro, rue du Colombier.)

5

BRÉMOND, *rue Furstemberg, n. 8 ter.*

26. Un brave, gardant ses frères martyrs de
la victoire, disait aux citoyens : *Ils sont
morts pour la patrie ; saluez !*

————

BUGUET, *rue Soufflot, n. 1.*

27. Leçon de morale d'une mère à son fils.

28. Derniers momens d'un musulman voyant
le paradis de Mahomet.

28 *bis.* Molière consultant sa servante.

CALLET (Apollodore), *rue de la Pépinière, n. 48.*

29. L'embarquement des Parganiotes.

Les Anglais ayant vendu à Ali-Pacha la ville
de Parga, les habitans, ne voulant pas vivre
sous un despote aussi cruel, prennent, dans leur
désespoir, le parti d'abandonner cette ville, et
de se retirer dans leurs vaisseaux, emportant
avec eux les ossemens de leurs pères.

30. Une tête de vieille.

————

CATRUFO, *rue de la Ferme-des-Mathurins, n. 19.*

31. Vue de la ville de Rouen.

1*

CHAMPIN, *rue Neuve-Saint-Roch*, *n*. 3o.

32. Site de la forêt des Ardennes. (*Aquarelle.*)

(Appartenant à **M.** Saint-Hubert.)

53. Paysage composé.

54. La fontaine de Vaucluse.

(Ces deux aquarelles appartiennent à M. Tessier, architecte.)

CHAZAL, *rue de l'Ouest*, *n*. 20.

55. Un tableau de fleurs.

55. *bis*. Deux tableaux de fleurs (*Aquarelles, même numéro*).

CIBOT, *rue Geoffroy-l'Angevin*, *n*. 7.

56. Portrait en pied de M. *** et de son fils.

COLLIERE (Mme.). *rue Neuve-Saint-Georges*, *n*. 3.

57. Un portrait d'homme. (*Miniature.*)

58. Portrait de jeune fille. (*Idem.*)

COLSON, *rue des Fossés-Monsieur-le-Prince*, *n*. 21.

59. Clémence de Bonaparte envers une famille arabe.

(Ce tableau a reçu le prix à l'exposition de 1812.)

Lors de l'entrée de l'armée d'Orient dans Alexandrie, les habitans firent du haut de leurs maisons un feu très-meurtrier sur les colonnes. Les soldats furieux escaladèrent la maison de l'un d'eux qui s'était fait remarquer par une résistance désespérée; ils l'en arrachèrent, et allaient le faire périr, lorsque sa famille éplorée, apercevant le Général en chef, s'élance au-devant de lui, implore sa clémence, et obtient que la vie lui soit conservée.

CRESPY LE PRINCE (CHARLES DE).

40. L'amiral Canaris au tombeau de Thémistocle.

    (La tête est d'après un portrait communiqué à l'auteur.)

CUNY (LÉON), *rue de Furstemberg, n.* 8 bis.

41. L'enfant prodigue.

42. Lecture d'une sentence de mort.

43. Femme romaine tirant les cartes.

DE BEZ, *rue Bergère, n.* 6.

44. Une vue, d'après nature, du parc de

l'auteur, sur le bras de la Seine, à Villennes, près Poissy.

45. Une jeune villageoise sur un cheval, demandant son chemin à un vieux berger; effet de soleil couchant, d'après nature.

DEBON, *rue du Pont-de-Lodi*, *n.5*.

46. Les nouvelles de Paris au couvent de Saint-Acheul.

DEBON (Mme. Veuve), *rue Hauteville*, *n. 6*.

47. Psyché enlevée par les zéphirs (*d'après Prud'hon*).

48. Le petit flâteur (*d'après Van-Derverf*).

49. Portrait de Mlle. de Fontange (*d'après Mignard*).

50. Portrait de Ducis (*d'après Gérard*).

(Peints sur porcelaine.)

DE BOISFREMONT, *rue du Rocher*, *n. 34*.

51. Portrait en pied du maréchal Gouvion-Saint-Cyr.

(Répétition d'après M. Horace Vernet.)

52. Étude de femme en pied.

53. Une tête de vierge.

54. Une figure allégorique à la mémoire de Prud'hon.

———

DELACROIX (Eugène).

55. Un jeune tigre jouant avec sa mère.

———

DE LANOE, *rue de Vaugirard, n. 52.*

56. Un petit portrait de femme en pied.

———

DE LASSUS.

57. L'enterrement d'une jeune fille de l'île d'Ischia (royaume de Naples).

58. Un brigand blessé, secouru dans une grotte par un ermite.

59. Napoléon au siége de Toulon, avec Junot alors sergent d'un régiment de volontaires.

———

DELAVAL (Mlle.), *Grande rue Verte, n. 30.*

60. L'origine de conter fleurette.

Henri IV, n'étant encore que prince de Béarn, passait son temps auprès d'une bergère nommée Fleurette.

DE L'HOSPITAL.

61. Portrait du célèbre docteur Franklin, peint d'après nature quand il habitait Paris.

(Prêté par Mme. Forster, rue de Chaillot, n. 72.)

DEMAY

62. Fête de village.

DEMARNE (feu).

63. Des bestiaux et des bergers.

(Prêté par M. Simonet, rue St.-Martin, passage de l'Ancre.)

DEROCHE.

64. Deux sujets tirés de la vie de Salvator-Rosa. (*Même numéro.*)

DESAINS, *rue Cassette, n. 8.*

65. Un jeune écossais. (*Tête d'étude.*)

DÉSORAS (Mme.), *rue des Quinze-Vingts, n. 1.*

66. Une dame âgée.

67. La petite fille au chat.

68. La coquetterie punie, ou le miroir cassé.

DESPOIS, *rue du Colombier, n. 13.*

69. Vue générale de Corté, ancienne capitale de la Corse, prise sur la route de Bastia à Ajaccio.

> On aperçoit dans le fond le mente Cardo et le monte Rotondo.

70. Vue du cap Corse, prise au bas de la torre de Toga ; effet de tempête.

DÉTOURNELLE (Mlle.).

71. Trois portraits de femmes. (*Miniatures, même numéro.*)

72. Portrait de femme. (*Aquarelle.*)

DEVÉRIA (Achille).

73. L'après-dînée chez Bartholo. (*Aquarelle.*)

DOMMEY, *rue Neuve-de-Seine, n.* 95.

74. Deux études de chevaux. (*Même nu-méro.*)

———

DREUILLE, *rue Montorgueil, n.* 33.

75. Catherine de Médicis cédant le pas à Marie-Stuart, saluée reine de France de-puis un quart d'heure.

———

DUBOIS (François).

76. Manlius Capitolinus.

Après avoir été condamné à mort par le sénat, pour avoir pris les intérêts du peuple, il se pré-cipite, avec son ami Servilius, du haut de la ro-che Tarpéïenne.

(Tragédie de La Fosse.)

77. Tête d'étude. Jeune femme de la Sabine.
78. *Id.* Vieille femme de Spoletto.

———

DUBOIS (Etienne).

79. Jeunes filles de Nettuno, aux environs de Rome.

80. Un tête d'étude.

DUCIS, *quai Malaquais, n.* 13.

81. Début de Talma.

Talma, très-jeune encore, venait de représen-
ter, avec le plus brillant succès, un de ces person-
nages de la famille de Laïus, pour lesquels la nature
semble l'avoir formé. Ducis, poète tragique, qui,
pendant la représentation, avait jugé tout ce
qu'un pareil talent promettait, s'approche de
l'acteur, après le spectacle, au moment où il
quittait la scène, et ayant écarté doucement de
la main les cheveux qui ombrageaient son front :
Courage! lui dit-il, *je vois bien des crimes là-
dessous.*

Ducis aimait à s'entendre donner le nom de
parrain par Talma, dont il avait prédit les
succès.

DUCORNET (élève de M. Lethière), *né sans bras,
dessine et peint avec le pied, rue de Lille, n.* 11.

82. Jacob refusant de livrer son fils Benja-
main.

83. Portrait en pied de Mme. de L.....

84. Une jeune fille au bain.

85. Une tête d'expression.

DULAC, *rue du Four-St.-Germain, n.* 44.

86. Un prisonnier limant ses fers.

DULUC, *rue des Bons-Enfans, n.* 32.

87. Intérieur de la cathédrale de Chartres.

DUMONT, *quai de la Mégisserie, n.* 66.

88. Serment du Roi, le 9 août.

    (Ce tableau appartient au général Lafayette.)

DUNOUY, *à Jouy.*

89. Etude d'après nature à Montmorency.

90. Une autre prise à Jouy.

DUPLAT, *rue de la Harpe, n.* 88.

91. Vue de la ville de Thiers, département du Puy-de-Dôme.

DURUPT, *rue de Furstemberg, n.* 8 bis.

92. Un prince noir avec sa favorite.

93. La mort de Frondebœuf. (*Sujet tiré d'Ivanhoé.*)

DUVAL (AMAURY), *quai Conti, n. 15.*

94. Portrait d'enfant.

ÉLIAERTZ, *rue Poissonnière, n. 3.*

95. Un tableau de fruits et de fleurs.

FINART, *rue Amelot, n. 38.*

96. Un houra de Cosaques sur des Turcs.

97. Sujet oriental.

(*Aquarelles.*)

FORBIN (le comte de).

98. Vue de Jérusalem, prise de la vallée de Josaphat du côté du jardin des Oliviers.

GARNIER, *rue des Fossés-Monsieur-le-Prince.*

99. L'assomption de la Vierge.

GAVARNI, *rue des Rosiers, n.* 31, *à Montmartre.*

100. Des enfans jouant sur une palissade.

GÉRARD (François).

101. Bataille d'Austerlitz, 2 décembre 1805.

Le général Rapp annonce le succès de la charge de cavalerie que l'Empereur avait ordonnée. Il est suivi d'une partie des trophées de la journée.

Le prince Berthier, les maréchaux Duroc et Bessière, et le général Junot, entourent l'Empereur.

102. Tombeau de Sainte-Hélène.

Ce tableau offre la répétition, en petit, des quatre figures, la Victoire, la Renommée, la Poésie et l'Histoire, qui, placées de la même manière, ornaient autrefois la Bataille d'Austerlitz aux Tuileries.

GIRODET.

103. L'empereur Napoléon recevant les clefs de Vienne.

104. Tête d'étude.

---

104 *bis*. Tête de vieillard, par **DROUAIS.**
(Ces deux derniers morceaux appartiennent à M. Rey), *rue de l'Arbre-Sec, n,* 46.

GOYET (J.-B.), *rue de l'Abbaye, n. 3.*

105. Une femme endormie.

GOYET (Eugène), *rue de l'Abbaye, n. 3.*

106. Une étude portrait.

GORBITS.

107. Paysage.

GROS.

108. La peste de Jaffa.

Les ravages que faisait la peste dans l'armée d'Orient, depuis le commencement de la campagne de Syrie, causaient une inquiétude générale. Les effets de ce fléau se firent sentir avec plus de force, immédiatement après le siége de la ville de Jaffa, qui fut prise d'assaut.

Le général en chef Bonaparte, voulant détruire le prétexte de découragement qu'un sentiment exagéré de crainte pour cette maladie pouvait faire naître dans l'armée, et prouver que ses effets étaient moins terribles que l'effroi qu'ils causaient, visita l'hôpital des pestiférés de Jaffa, dans les plus grands détails. Après avoir fait porter

2*

tous les secours qu'on put lui procurer, et y avoir même envoyé une partie de ses provisions particulières, le général en chef, suivi de son état-major et du médecin en chef de l'armée, qui cherchait à lui persuader de ne pas prolonger sa visite, n'en donna pas moins de temps à tous les détails de l'hôpital. Il consolait, en outre, les malades par tous les moyens de persuasion; il faisait espérer aux uns un soulagement prochain, à d'autres une guérison certaine, et inspirait à tous de la confiance dans l'efficacité des remèdes qu'on employait.

Pour éloigner davantage l'effrayante idée d'une contagion subite et incurable, il fit ouvrir devant lui quelques tumeurs pestilentielles, et en toucha plusieurs. Il donna, par ce magnanime dévoûment, le premier exemple d'un genre de courage inconnu jusqu'alors, et qui fit depuis des imitateurs.

109. Champ de bataille d'Eylau.

Le lendemain de la bataille d'Eylau, l'Empereur, visitant le champ de bataille, pénétré d'horreur à la vue de ce spectacle, fait donner des secours aux Russes blessés. Touché de l'humanité de ce grand monarque, un jeune chasseur lithuanien lui en témoigne sa reconnaissance avec l'accent de l'enthousiasme.

Dans le lointain, on voit les troupes françaises

qui bivouaquent sur le champ de bataille, au moment où Sa Majesté va en passer la revue.

110. La bataille d'Aboukir.

***

GUDIN.

111. Marine. Effet du matin.

112. Vue des environs d'Alger, route de Staonelli à Keleif.

113. Le coup de vent du 26 juin, à Sidi el Feruch.

114. Vue de la plage de Sidi Feruch, et des ouvrages formant le camp retranché et la défense sur le bord de la mer.

115. Vue des côtes de la Manche.

***

GUÉRIN (PIERRE).

116. L'Empereur Napoléon pardonnant aux révoltés du Caire, sur la place d'Elbékir.

***

GUÉRIN (PAULIN), *rue Monthabor, n.* 4.

117. Adam et Eve.

GUET, *rue du Marché-Saint-Honoré, n. 11.*

118. Inspiration d'une élégie.

> Cueillons, cueillons la rose au matin de la vie, etc.
>
> (Lamartine , Méditation seconde.)

119. Pêcheurs de truites, costume des Basses-Pyrénées.

GUILLON (Mlle. NANIME), *rue Montholon, n. 24.*

120. Cadre de fleurs. (*Aquarelle.*)

HAUTIER , *rue du Colombier, n. 9.*

121. La parisienne.

> Une femme s'élance pour retirer un blessé de la fusillade, et lui donner des secours

---

HAYTER (GEORGE) , peintre anglais , *rue de la Ville-l'Évêque, n. 42.*

122. Enlèvement des femmes circassiennes par une troupe de Kurds, commandé par un Géorgien.

> (Histoire de Perse.)

123. Portrait de lord Stuart de Rothesay,

ambassadeur de S. M. Britannique, auprès de S. M. Louis - Philippe Ier, Roi des Français.

124. Chef Kurd.

HOART, *rue de la Houssaye, n. 1.*

125. Sainte Madeleine repentante.

HUET.

126. L'intérieur d'une forêt un jour de fête.

127. Vue de St.-Germain.

JACQUET DE VALMONT (Mme.), *quai des Augustins, n. 57.*

128. Un portrait en pied de madame D...

129. *Idem* du docteur M....

130. *Idem* du docteur N....

JEANDON, *rue des Bons-Enfans, n. 23.*

131. Jeune Grec.

JUSTIN, *rue de Bondi, n. 64.*

132. Vue prise à Moret, près Fontainebleau.

(*Aquarelle.*)

———

KELLIN, *rue Taitbout, n. 32.*

133. Une vue d'Égypte.

134. Une place publique.

135. Une vue d'Italie.

136. Vue d'un petit port. (*Aquarelle.*)

———

LAFOND, *rue Jean-Jacques-Rousseau, n. 3.*

137. Cymodocée et Démodocus, son père, accueillis par la famille de Lasthenès ; Démodocus fait entendre les poésies d'Homère, en s'accompagnant sur sa lyre.

(*Martyrs*, livre II.)

138. Velléda, prêtresse druide, traverse le lac en jetant des pièces d'or pour appaiser la flotte.

(*Martyrs*, livre IX.)

139. Homère, aveugle, chante ses vers et demande l'aumône à la porte d'une ville.

LATIL, *quai de la Cité, n. 23.*

140. Une Madeleine.

141. La tunique ensanglantée de Joseph que l'on apporte à Jacob.   (*Esquisses.*)

LAPITO, *rue Beauregard, n. 47.*

142. Le moulin de Migneau, environs de Poissy.

LAPRET, *rue de Sèvres, n. 102.*

143. Des fleurs.

144. La blanchisseuse. (*Aquarelle.*)

LAURENT, *conservateur du Musée d'Épinal.*

145. Un serrurier cherchant à faire mordre sa lime à un geai.

LAURENT (Mlle. Emma), *rue de Sartine, n. 6.*

146. Portrait d'homme.

147. *Id.* de femme.

                    (Miniatures.)

LE DUC (Mlle. Amélie), *rue du Gros-Chenet, n. 8.*

148. Portrait du général Foy, sur porcelaine.

LEGRAND (Mlle. Ath.), *quai des Grands-Au-
gustins, n. 55.*

149. Portrait de M. le docteur Lesseré.

150. Deux têtes d'après l'Accordée de village, de Greuze.

551. Portrait d'un mathématicien, d'après
Ferdinand Bos.

LÉONARD, *rue des Fossés-St.-Germain-l'Auxer-
rois, n. 14.*

152. Juif polonais, marchand de mouchoirs,
étude d'après nature.

155. Africain, assis sur le bord d'un lac, se
préparant à fumer une pipe.

LE PRINCE (Léopold), *rue Bellefond, n. 14.*

154. Une barricade du boulevart.

155. Paysage. Effet du soir.

156. Chemin creux après un orage.

———

LE PRINCE (Gustave), *rue de Bellefond, n.* 14.

157. Moulin de Bournay, près Rochefort.

———

LESSORE (Emile), *place Dauphine, n.* 12.

158. Un petit tableau représentant des villageois flamands.

———

LOEILLOT, *rue de Lille, n.* 73.

159. Un monument à l'impératrice Joséphine.

160. Un croquis du Roi à cheval.

———

LORDON père, *rue des Maçons-Sorbonne, n.* 1.

161. La Madeleine dans le désert.

———

LORDON (Abel), *rue des Maçons-Sorbonne, n.* 1.

162. L'attente.

LOTHON (Mlle.), *au Luxembourg.*

163. Portrait de M. B., docteur.

164. Portrait de Mlle. D.

LOUIS (Mme.), *rue du Paon, n. 2.*

165. Un dalia jaune en cire.

166. Une rose du Bengale, *idem.*

MAILLE (Saint-Prix), *rue du Cherche-Midi, n. 9.*

167. Vue des ruines de l'abbaye Saint-Jean de-l'Ile, bâtie en 1236, par la reine Isburge, femme de Philippe-Auguste.

MALBRANCHE, *rue de la Tour, n. 12.*

168. Vue de la vallée d'Auge, route de Caen.

169. Route des environs de Paris.

170. Grève près Honfleur.

MARIGNY (feu).

171. Un militaire blessé.

MARIGNY (Mlle. Louise), *rue de Vaugirard, n. 36*

172. Le meûnier, son fils et l'âne.

173. Pérette.

174. Une tireuse de cartes

MARIGNY (Mlle. Eulalie), *même demeure.*

175. Portrait de M. et Mme.

MESLIER, *quai de la Vallée, n. 55.*

176. La porte de Créqui à Grenoble.

177. Une étude.

MEYNIER, *rue du Paon, n. 8.*

178. Les soldats du 76ᵉ de ligne retrouvant
leurs drapeaux dans l'arsenal d'Inspruck.

Le 76ᵉ. de ligne avait perdu trois drapeaux dans
les Grisons. Cette perte était depuis long-temps
le motif d'une affliction profonde. Ces braves sa-
vaient que l'Europe n'avait point oublié leur mal
heur, quoiqu'on ne put en accuser leur courage.
Ces drapeaux, sujets d'un si noble regret, ont

été retrouvés dans l'arsenal d'Inspruck. Un officier les a reconnus, tous les soldats sont accourus aussitôt. Lorsque le maréchal Ney les leur a rendus, des larmes coulaient des yeux de tous les vieux soldats, les jeunes conscrits étaient fiers d'avoir servi à reprendre les enseignes enlevées à leurs aînés.

MILON, *rue du Four Saint-Germain*, *n*. 35.

179. Vue du dôme du Val-de-Grâce.

(Étude d'après nature.)

MUIDBLED (Mlle. Héloïse), *rue Bleue*, *n*. 35.

180. Une rose sur porcelaine.

NAIGEON (Edlzidor), *rue d'Enfer*, *n*. 32.

181. Études de femmes faites dans les environs de Rome et de Naples. (*Même numéro.*)

O'CONNOR (James-Arthur).

182. Vue d'Écosse.

(Ce tableau appartient à Mme. Fleury, rue de Provence, n. 57.)

ODIER, *rue Godot-de-Mauroy, n. 1.*

183. Pâtre mourant recevant la communion.
184. Étude.

PARADIS, *rue Saint-Benoit, n. 16.*

185. Le retour du cultivateur dans sa famille.

> (Ce tableau appartient à M. Roëhn, rue Saint-Benoît, n. 16.)

186. Épisode du 28 juillet.

PARENT, *rue de l'Arbre-Sec, n. 46.*

187. L'Amour à la porte d'Anacréon.

> (Tableau peint sur porcelaine.)

PARIS, *rue de Crussol, n. 17.*
188. Un pâturage.

PASTIER, *cour des Petites-Écuries, n. 5, faubourg Saint-Denis.*

189. Daphnis et Chloé.

> (D'après le tableau de M. Hersent, appartenant à M. Casimir-Périer.)

3*

PERIGNON (A. N.), *rue du Faubourg-Poisson-nière, n.* 14.

190. Michel-Ange apportant le bras de sa statue.

Ce grand maître avait exécuté pour Pierre-François de Médicis un Cupidon, que ses amis lui conseillèrent de cacher dans un lieu où l'on devait bientôt faire des fouilles. Il fut découvert quelque temps après, réputé antique et acheté pour tel par le cardinal Saint-Georges. Michel-Ange alors se déclara l'auteur de cette figure, et présenta pour preuve le bras qu'il en avait cassé avant d'enfouir la statue.

PETIT, *rue Pavée Saint-André-des-Arts, n.* 5.

191. Intérieur d'un atelier, plusieurs élèves étudiant d'après la bosse.

192. Vue de la rotonde des terrasses du Musée du Luxembourg.

193. Vue de la porte du Midi de l'église Saint-Pierre près Londres. (*Aquarelles.*)

PERANNE, *rue de Vaugirard, n.* 52 bis.

194. Un paysan des environs de Paris, blessé dans la journée du 29 juillet 1830.

195. Un salon de restaurateur.
196. Sapho et Phaon. (*Esquisse.*)

—————

PINCHON, *rue des Deux-Portes Saint Sauveur,*
  n. 28.
197. Des joueurs de dames.

—————

PRIEUR (GABRIEL), *rue des Petites-Écuries, n.* 17.
198. Vue prise aux carrières de Montmartre.

—————

PROSPER, *rue de Vaugirard, n°.* 72.
199. Le vieux drapeau, de Béranger.
200. deux vues de Nevers.
201. Un portrait (la Botanique).

—————

RAFFORT, *rue du Marché-Saint-Honoré, n.* 6
202. Vue de Gênes prise au crépuscule du
  matin.

—————

RAUCH, *rue de Cléry, n.* 34.
203. Vue de la route d'Antibes.

204. Des enfans s'amusent à pêcher le long d'un ruisseau.

———

REGNIER (Auguste), *place des Messageries, n. 6, quartier Poissonnière.*

205. Vue prise à Royat, département du Puy-de-Dôme.

(Ce tableau appartient à M. Juge père.)

206. Vue du château de Coucy, prise sur la route de Folembray, département de l'Aisne.

207. Vue du rocher de la Margeride à Thiers, département du Puy-de-Dôme.

208. Etude d'après nature.

———

RÉGNIER (Amand).

209. Un lancier de l'ex-garde de 1814.
210. Un guide, *id.*

———

RICOIS, *quai Voltaire, n. 3 bis.*

211. La porte de fer, au mont Saint-Michel (Basse-Normandie).

RIOT, *rue de Fleurus, n. 12,*

212. Tableau de fleurs. (*Aquarelle.*)

RIQUIER, *rue St.-Lazare, n. 31.*

213. Une veuve et ses enfans sur le tombeau de son mari.

RIVIÈRE (Edmond de), *rue Cléry, n. 9*

214. Une marine.

ROBERT-FLEURY, *rue des Martyrs, n. 4*

215. Un bouc et deux moutons.

ROBERT LEFÈVRE (feu), *quai d'Orsay, n. 3.*

216. Vénus désarmant l'Amour.

217. Portrait de Carle Vernet.

218. Portrait de la femme de Rubens, dit le *chapeau de paille.*

(Imitation faite de souvenir.)

219. Portrait de Mme. D.

220. Tête d'enfant.

ROLAND, *rue de Vaugirard, n.* 102.

221. Un portrait de femme.

ROUGET, *rue de l'Ouest, n.* 16.

222. Une étude.

ROUX, *rue Boucher, n.* 4.

223. Effet de soleil couchant disposé pour une horloge.

224. Sylvie et son cerf.

RUMILLY (Mme.), *rue Croix-des-Petits-Champs, n.* 39.

225. Une jeune mère enseigne à lire à son fils.

226. 1815, ou *Comment on restaurait les Français*.

SAINT-OMER (Mlle.), *rue du Cherche-Midi, n.* 17.

227. Portrait du docteur Broussais.

228. Le dépit d'un écolier.

229. Le frère.

230. La sœur.

SALMON, *rue Ste.-Marguerite-St.-Germain.*

231. Vue de la porte du bois de Fleury, sous
Meudon.

SCHAAL, *rue du Faubourg-Montmartre.*

232. Une baigneuse.

233. Le départ du conscrit.

SCHMITZ, *rue Hauteville, n. 6.*

234. Trait de courage.

Une sœur de la Providence (la dame Morel, in-
stitutrice à Moy), sauvant un enfant (le jeune
Galbois) qui venait de tomber dans l'Oise; elle
eut le courage de s'élancer dans la rivière, et elle
parvint à le saisir au moment où le courant l'en-
traînait sous le pont.

SCHNETZ, *rue de la Paix, n.* 13.

235. Un jeune soldat français sur le capitole,

plume une oie, pour venger les Gaulois, ses ancêtres.

236. Combat près de la Trebia. (*Esquisse.*)
(Campagnes d'Italie.)

237. Un pélerin et son fils endormi. (*Étude.*)

238. Deux jeunes paysannes se baignant dans le lac de Nemi.

SIEURAC (F.), *rue Neuve-de-Seine, n.* 56.

239. Deux miniatures. (*Même numéro.*)

SOULES, *rue Quincampoix, n.* 11.

240. Deux dessins à la sépia. (*Même numéro.*)

SPINDLER, *rue du Cloître-Saint Benoît, n.* 7.

241. La mélancolie.

242. Une paysanne d'Alsace.

STORELLY, *rue St.-Honoré, n.* 387.

243. La lanterne de Palerme, effet du n.

244. Vue prise dans la forêt de Gabas. (Basses-Pyrénées.)

TESTARD (J. Alphonse), *rue Hauteville, n.* 10.

245. Un épisode des mémorables journées
de 1830.

Un jeune enfant de 13 à 14 ans au plus, se trouvant près le Palais-Royal, on voulut qu'il s'en allât chez lui; il dit qu'il ne le ferait qu'après avoir tué un ennemi, et surtout un bon. Alors marchand avec calme vers un officier suisse, qui guidait ses soldats contre nous, il le tua d'un coup de pistolet.

THUROT (Mme.), *rue de Rivoli, n.* 18.

246. Une jeune fille en deuil de son père,
reçoit la bénédiction de sa mère malade.

TOURNIER.

247. Tableau de fleurs et de fruits.
248. Une grappe de raisin et une pêche.
249. Deux petits tableaux de fleurs.

(Même numéro.)

(Ces tableaux appartiennent à M. Dubois, rue
Vivienne, n. 4.)

TRÉZEL, *rue des Maçons Sorbonne, n. 1.*

250. La déposition de Christiern II, roi de Danemarck.

Ce prince, par ses vices et sa cruauté, avait rendu sa domination insupportable ; les états de Jutland s'étant assemblés le déposèrent. Nunce, chef de la justice de cette province, lui porta l'acte de sa déposition au milieu de sa cour.

(Histoire de Danemarck, année 1523.)

251. Arrivée d'Armide au camp des chrétiens.

Dans l'intention de séduire une partie des chevaliers qui font le siége de Jérusalem, Armide se rend au camp des chrétiens. Le jeune Eustache la présente à son frère Godefroy, qui consent avec peine à lui donner dix de ses chevaliers pour la rétablir sur le trône de Damas, qu'elle feint d'avoir perdu.

Gildippe, qui a pris l'armure des chevaliers pour suivre son époux Odoard, éprouve un mouvement de jalousie en voyant qu'il partage le sentiment de ses compagnons d'armes.

(Jérusalem délivrée).

VAFFLARD, *rue Croix-des-Petits-Champs, n. 35.*

252. Calliope. (*Téte d'étude.*)

253. Napoléon à Ste.-Hélène.

254. La paresseuse.

VALETTE (Louis-Antoine), élève de M. Guérin et de Chéry, peintre d'histoire.

255. Céphale et Procris.

M. Valette venait de terminer ce tableau, lorsqu'il fut tué le 28 juillet. Il allait entrer dans la maison, n. 6, rue Royale, où était son atelier, (il était sans armes) quand, d'un corps de lanciers exécutant une charge sur la rue St.-Antoine, un maréchal des logis se détache, court sur le jeune Valette, et à bout portant lui fracasse la tête d'un coup de pistolet. L'infortuné ramassé par ses voisins témoins de cet assassinat, fut porté à la municipalité de la place Royale, où il est resté du 28 au 29 souffrant des douleurs inouïes, et le 30 il a succombé à l'hôpital St.-Antoine. Il demeurait rue Boucherat, n. 5, avec sa mère, âgée de 63 ans, dont il était l'unique soutien.

VAUCHELET.

256. Portrait de femme.

VERDÉ (Mme. **DELISLE**), *rue Rochechouart. n 7.*

257. Une scène du comte Ory.

258. Un sujet tiré de Walter-Scott.

(Péveril du Pic.)

259. La lecture de la Bible.

260. Marie Stuart au château de Lookleven.

(Sujet tiré de l'Abbaye, de Walter-Scott.)

260 *bis*. La consultation.

VERNET (Carle).

261. La bataille de Marengo.

Ce tableau représente le moment où la colonne autrichienne est coupée par un régiment de cavalerie, commandé par le général Kellermann.

VINCENT (fils), *rue de l'Ouest, n*. 42.

262. La Madeleine égyptienne.

263. Vénus endormie.

VINCHON, *ancien pensionnaire de l'Académie de France, à Rome, rue J.-J.-Rousseau, n*. 8.

264. Un sujet grec moderne.

WACSHMUT, *rue des Beaux-Arts. n*. 10.

265. Une habitation d'Arabes à Pelika, à 3 lieues d'Alger.

Voir aux supplémens.

SCULPTURE.

BOUGRON. *rue des Fossés-du-Temple, n. 14.*

266. Un buste du Roi.

DAVID.

267. Un grand médaillon, portrait de Rouget Delisle, auteur de la Marseillaise.

HOUDON (feu).

268. Le buste de Jean-Jacques Rousseau, en terre cuite.

Ce buste appartient à M. Durier, rue des Fossés M. le Prince, n. 53,

---

LE GENVRE (âgé de 82 ans), *rue de la Harpe, n. 45.*

269. Trois portraits, médaillons.

4*

PETITOT, *rue de l'Est*.

270. Une petite statue en marbre, représentant un génie héroïque, dédiée aux héros des journées des 27, 28 et 29 juillet 1830. Elle foule aux pieds la tyrannie.

(N°. **271**, voir Architecture).

BOVY (Clément), *rue de Grenelle-Saint-Honoré, n. 7*.

288. Un cadre contenant quatre médaillons, dont un portrait de Zuingle, réformateur.

CHAPONNIÈRE (J. E.), *rue Cadet*, n. 18.

289. Un cadre contenant quatre médaillons, dont un portrait de Calvin.

ARCHITECTURE.

BOURJOT, architecte, *rue et hôtel Dauphine.*

271. Distribution des drapeaux, au Champ-de-Mars, lors de la première revue de la Garde Nationale de Paris, le 29 août 1830.

272. Un cadre de dessins à l'encre de Chine, renfermant une vue de Toulon. — Divers fragmens antiques de Nismes et de Vienne en Dauphiné. — Notre-Dame de Paris. — Saint-Jean de Lyon. — Un intérieur de l'église de Fourvières.

LECOINTE, architecte, *rue Neuve-du-Luxembourg, n.* 28.

273. Un cadre contenant plusieurs dessins à la sépia, vues d'Italie.

274. Vue de l'entrée d'une auberge à la

Chambre, dans la vallée de Maurienne, en Savoie.

275. Vue intérieure de l'église Ste.-Maria-Maggiore, à Nocera dè Pagani, dans le royaume de Naples.

———

LE PÈRE et **HITTORFF**, architectes.

276. Deux dessins. Restauration projetée de la colonne de la grande armée, sur la place Vendôme.

GRAVURE.

ADAM, *rue des Martyrs*, *n*. 27.

277. Le passage de la Bérésina.

RICHOMME, graveur.

278. Portrait de Mme. H...
279. Portrait de M. de C.
280. Portrait de Mlle. de C.
281. Portrait de M. de V. des C.
282. Portrait de Mlle de L.
283. Portrait de M. Jules R. (*Dessins.*)

WEDGEVOOD, graveur anglais, *rue et hôtel de Seine*, *n*. 46.

284. Un Bacchus d'après l'antique, dans le Musée britannique.

285. Un portrait de lord Byron.

286. Un cadre contenant quatre vignettes et deux portraits : Bernardin de Saint-Pierre et M. Crabbe, poètes.

DESSINS.

ANASTASI (maintenant aveugle aux Quinze-
Vingts), *rue de Charenton, n. 38.*

287. Le comte Ugolin et ses enfans enfer-
més dans la tour de la faim.

Sujet tiré de l'Enfer du Dante, dessiné d'après
le tableau de Jacques Berger.

Ce dessin appartient à l'auteur.)

(Les nᵒˢ. **288** et **289** sont à la fin de la sculpture .)

CHAPONNIÈRE (J. E.), *rue Cadet, n.* 18.

290. Deux cadres contenant chacun deux
dessins à la sépia. (*Même numéro.*)

1. Catherine de Médicis faisant signer, à Charles IX mourant, les lettres de sa régence.
2. Intérieur de l'arsenal d'un château.
3. Le Dante composant.
4. Pêcheur de l'île de Procida.

J.-P. SCHMIT, dessinateur lithographe, *rue M. le Prince*, *n.* 33.

291. Deux cadres contenant divers sujets et vignettes lithographiées à la plume.

292. Un cadre contenant des principes d'ornement.

> (Ces planches font partie d'un cours complet, que l'auteur se propose de publier, à l'usage des écoles de dessin.)

293. Un cadre contenant une grande composition : *La Muse romantique,* dédiée à M. Victor Hugo, et plusieurs petites vignettes, le tout exécuté au crayon.

LITHOGRAPHIES.

CHAMPIN, *rue Neuve-Saint-Roch, n.* 30.

294. La fontaine de Vaucluse , d'après l'aquarelle originale peinte par l'auteur.

LECLERC (Auguste), *quai de la Mégisserie, n.* 50.

295. Après vous , sire.

296. On ne passe pas.

(D'après Charlet.)

297. Le trompette mort.

298. Le chien du régiment.

(D'après Horace Vernet.)

299. Portraits d'après nature : Mlle. *Georges, Lockroy,* etc.

1er. SUPPLÉMENT.

AUGUSTIN, *rue Croix-des-Petits-Champs, n. 25.*

500. Un cadre de miniatures renfermant les portraits de MM. Denon, Chaudet et Callamard, statuaires; Frédéric Duvernois, Nadermann; un portrait de femme, et le portrait] de l'impératrice Joséphine, en émail.

BELLANGÉ.

501. Le départ du curé et sa nièce pour la capitale.

COGNIET.

502. Portrait du général Maison.
503. Une scène de barricades.

DAVID.

504. La colère d'Achille au moment où Agamemnon ordonne que sa fille Iphigénie soit conduite au sacrifice.

(Prêté par M. Naigeon père, rue d'Enfer, n. 32.)

505. Portraits de M. et Mme. Pécoul.

(Prêtés par **M.** Dequevauvillers, rue Saint-Jacques, n. 177.)

DEBAY (Mme.), *rue de Cléry*, *n.* 42.

506. L'art de se faire aimer de son mari.

DECAISNE.

507. Marguerite de Valois sauvant la vie à un protestant.

> (Scène de la Saint-Barthélemy.)

507 *bis*. Scène amoureuse. (Costumes du règne de Louis XIII.)

LÉPAULLE (G.), *rue des Petites-Écuries*, *n.* 38.

508. Portrait de M. Volnis, acteur des Nouveautés, rôle de Henri V.

RAYMOND (Bonheur), *rue des Tournelles*, *n.* 30.

509. Une femme méditant sur les tombeaux des Martyrs de la Patrie.

SANT, *rue de Seine*, *n.* 46.

510. Un cadre de fleurs. (*Aquarelle.*)

SAUVAGEOT, née Galliot (Mme.), *rue Bourbon-le-Château*, *n.* 1.

511. Un vieillard et un enfant à la porte d'une église; étude d'après nature.

SAUVAGEOT, *rue Bourbon-le-Château, n. 1.*

312. Paysage ; composition.

SCHEFFER (Henri), *rue de Larochefoucault, n. 5.*

313. Charlotte Corday.

Charlotte Corday, arrêtée et protégée par des membres de section contre la fureur du peuple, au moment où elle venait de tuer Marat.

VAFFLARD.

314. Un portrait de femme.

Deuxième Supplément.

PEINTURE.

ATOCHE, *rue Godot-de-Mauroy*, *n*. 20.

315. Aquarelle.

BARMONT, *rue Sainte-Anne*, *n*. 29.

316. Vue prise aux environs de Banières.

317. Effet du matin. (*Composition.*)

BAUME, *rue de l'Abbaye*, *n*. 3.

318. Le roi boit !

BLONDEL , *rue Albouy* , *n.* 20.

319. La Force a reconquis ses nobles couleurs aux trois mémorables journées de juillet 1830.

CHEVALIER, *rue Bourbon-le-Château.*

320. Un cadre d'aquarelles.

321. Un cadre de dessins et croquis.

322. Étude d'après nature. Vue du château de Pierrefitte. (*Limousin.*)

COTTRAU (Félix), *rue du Helder*, **n.** 25.

323. Une pêche sous le château de l'OEuf, à Naples.

DEBACQ.

324. La discipline.

> Une supérieure compte les coups que se donne une jeune pénitente.

DEBOIS.

325. A prêté les tableaux de M. Tournier.

DESMENARD (Mlle.), *rue Caumartin*, *n.* 12.

326. Étude de femme : buste.

GUÉ, *rue de Buffaut*, *n.* 16.

327. Vue de la route des Monts-d'Or, à Rochefort.

328. Des cabanes de bergers, près des Monts-d'Or.

HERSENT, *rue Cassette, n.*

329. Le passage du pont de Landshut.

Le général Lobau se met à la tête des grenadiers du 17ᵉ. régiment de ligne, et leur fait passer le pont, auquel les ennemis venaient de mettre le feu. *Ne tirez pas et marchez*, fut son commandement.

LECURIEUX, *rue des Beaux-Arts, n.* 17.

330. Portrait de Mlle. Servantini.
330 *bis.* Portrait de M. Lebois, avocat.

LETHIERS.

351. La surprise du pont de Vienne.

MAILLOT, *rue Childebert, n. 5.*

552. L'homme des trois jours.

> Après avoir attaché le drapeau tricolore, il embrasse Henri IV, en lui disant: *Ce n'est pas toi, mon vieux, qui aurais fait tirer sur nous.*

PELIN, *place Saint-Michel, n. 4.*

555. Un portrait de femme.

REGNAULT.

554. La mort du général Dessaix, à la bataille de Marengo.

RÉMOND, *rue des Beaux-Arts, n. 15.*

555. Vue prise sur le lac d'Albani.

ROEHN (Adolphe), *rue de Grenelle-St.-Germain*, *n.* 99.

356. Le retour du fermier.

(Effet de soleil couchant.)

SAINT-OMER.

337. Portrait de la veuve du général Foy.

SALIGO, *rue St.-Dominique-St-Germain, n.* 14.

338. Faust, au moment de s'empoisonner, est frappé par le son des cloches de Pâques.

(Poème de Goëthe.)

SMARGIASSI (Gabriel), *rue du Helder, n.* 25.

339. Vue de Viétri, près de Naples.

STEUBEN.

340. Trait de la jeunesse de Pierre-le-Grand.

Lors de la première révolte des Strelitz, Pierre Ier., enfant, fut conduit, par sa mère et un petit nombre de serviteurs fidèles, au couvent de la Trinité, à quelques lieues de Moscou. Cette retraite fut connue des rebelles : une troupe furieuse accourt, enfonce les portes, et massacre tout ce qu'elle rencontre. La czarine, avec son fils, poursuivie par deux meurtriers, se réfugie dans une chapelle, place son enfant sous l'image de la Vierge, et menace les assassins de la vengeance divine s'ils osent consommer leur crime. saisi de respect, l'un d'eux se prosterne ; l'autre hésite, regarde l'image, et dit à son camarade : « Frère, non pas près de l'autel. » Cependant, un nombreux détachement de cavaliers volait au secours du czar, les rebelles prennent la fuite, et l'enfant et la mère furent sauvés.

541. Mort de Napoléon.

VALLARDI, *quai Malaquais, n.* 15.

542 *bis*. Deux cadres contenant des dessins.

SCULPTURE.

CHAIX, *fabricant d'objets d'arts, à Montmartre, n. 14, en face le théâtre*.

545. La petite Cérès, fondue en fer sur l'antique.

Cette statue, la première et la seule qui ait été exécutée en fonte de fer, sort des ateliers de M. Chaix.

Elle doit être offerte au Roi.

LITHOGRAPHIES.

AUBRY-LECOMTE, *quai de la Tournelle, n. 43.*

344. L'Amour et Psyché, *d'après le tableau de M. le baron Gérard.*

(Cette lithographie n'est pas en vente.)

345. Le retour au village, *d'après le tableau de M. Destouches.*

346. La pélerine, *d'après le tableau de M. Bonnefonds.*

347. Laurent de Médicis, *d'après le tableau de M. Mauzaisse.*

(Ces deux dernières lithographies font partie de la *Galerie lithographiée* du Palais-Royal.)

ARCHITECTURE.

DESTOUCHES, *architecte du gouvernement, rue de Tournon*, n 20.

548. Modèle en relief des embellissemens de la *Place Louis XVI*, présentement *Place de la Concorde*, exécuté d'après le projet de M. *Destouches*, dont la commission nommée pour juger le concours avait fait choix pour la disposition générale de la place.

(Ce modèle a été ordonné, le 10 août 1829, par M. le comte de Chabrol, ex-préfet de la Seine.)

FIN.